PETIT COURS

DE

GÉOGRAPHIE

DE LA

BASSE-COCHINCHINE

PAR

P.-J.-B. TRƯƠNG-VĨNH-KÝ.

1re Édition.

SAIGON

IMPRIMERIE DU GOUVERNEMENT.

1875.

PETIT COURS

DE

GÉOGRAPHIE DE LA BASSE-COCHINCHINE.

PETIT COURS

DE

GÉOGRAPHIE

DE LA

BASSE-COCHINCHINE

PAR

P.-J.-B. TRƯƠNG-VĨNH-KÝ.

———

1re Édition.

———

SAIGON

IMPRIMERIE DU GOUVERNEMENT.

1875.

PETIT COURS

DE

GÉOGRAPHIE DE LA BASSE-COCHINCHINE

A L'USAGE

DES ÉCOLES DE LA COLONIE.

NOTIONS HISTORIQUES.

1. — La Basse-Cochinchine, en annamite, Nam-ki-luc-tinh (contrée du sud en six provinces) était originairement une partie du royaume Khmer (Cao-mên ou Chơn-lạp) ou Cambodge.

2. — Elle fut annexée à l'Annam en 1658, l'année mậu tuất, 1er du règne de Thần-tông de la dynastie de Lê et 11e du seigneur Thái-tông-hiêu-triết ou Hiên-vương ; mais l'annexion ne fut complète et définitive qu'en 1799.

Les Annamites qui avaient antérieurement conquis le territoire de Ciampa (Chiêm-thành) se trouvaient donc voisins des Cambodgiens. Les succès des Annamites dans la conquête de ce pays avaient beaucoup influé sur l'esprit du peuple Khmer, qui, déjà amolli et affaibli, s'attendait à être envahi à l'exemple de ses voisins les Ciampois. L'événement justifia cette appréhension, du moins pour une partie.

En 1680, un général chinois, suivi de ses officiers et de 3,000 soldats, vint sur 60 jonques à Tourane (Đà-nẵng-ou Cửa-hàn), se présenter à la cour de Huê, disant qu'il préférait servir les étrangers que de se soumettre aux Tartares-Mantchoux, les nouveaux maîtres de la couronne impériale de Chine, qui avaient renversé la dynastie de Minh, et lui avaient substitué celle de Thanh.

Le roi d'Annam (alors seigneur de Huê) lui offrit un banquet ainsi qu'à sa suite, et il lui donna une lettre pour qu'ils puissent s'établir, lui et ses gens, dans la Basse-Cochinchine, les uns à Mĩ-tho, les autres à Biên-hòa.

Aussitôt établis, les Chinois de Mĩ-tho, oublieux des conditions dans lesquelles le roi d'Annam leur avait accordé l'hospitalité, s'occupèrent non pas de fonder une colonie agricole ou commerciale, mais songèrent plutôt à fonder une puissance et à s'étendre au détriment du Cambodge :

Le 1er roi cambodgien *Néăc-ông-thu*, résidant à Gò-bích, se fortifiait déjà contre l'invasion probable de ces Chinois, qui menaçaient de l'attaquer. Le 2e roi, Néăc-ông-nôn, qui résidait à Saigon écrivit à la cour de Huê pour lui annoncer les allures alarmantes des Chinois de Biên-hòa, contre le Cambodge.

La cour de Huê saisit avec empressement l'occasion qui s'offrait à elle de mettre à exécution un projet dès longtemps caressé. Elle feignit de croire que les armements du 1er roi du Cambodge, Néăc-ong-thu, étaient dirigés contre elle, et craignant d'ailleurs que les Chinois ne parvinssent réellement à se rendre indépendants et maîtres d'une partie du Cambodge, elle décida une expédition chargée d'une double mission : réduire les Chinois, attaquer le Cambodge pour son propre compte.

Le général annamite Vạn fut investi du titre de Khâmmạng, commandant en chef de l'expédition, que le roi d'Annam envoya.

Celui-ci se porta aussitôt en avant, il attaqua et défit les Chinois de Mĭ-tho, puis le roi Néăc-ông-thu, qui se retira à Ou-đông.

Mais un traité de paix fut conclu entre l'*envoyé impérial* et le roi. Le général évacua le territoire du Cambodge et se retira à Bến-nghé (Saigon).

Au bout d'un an, Néăc-ông-thu fut infidèle à l'exécution du traité. Le roi Anh-tông-hiến-ngãi seigneur de Huê, (1684 10e de Lê-hi-tông,) envoya Nguyễn-hữu-hào, avec des troupes pour lui déclarer la guerre. Ce roi fut fait prisonnier et à peine arrivé à Saigon la maladie l'enleva. Le second roi se donna alors la mort. Les Annamites mirent sur le trône son fils nommé Néăc-yệm et l'installèrent à *Gò-bích*.

Cette intervention de la cour de Huê dans les affaires des princes cambodgiens était habituelle. Elle se constituait toujours l'arbitre de leurs différends ; et, c'était en profitant des dissensions de ces princes, qu'elle avait fait venir des colons annamites, de Huê, Quảng-bình, Bố-chánh etc., pour occuper peu à peu le pays, ce qui permit un jour en 1699, à Hiên-tông successeur du roi, Anh-tông, (19e de Lê-hi-tông) de faire établir des préfectures, des sous-préfectures, des cantons et des villages et de créer en un mot, pour ce pays, une administration semblable à celle du reste du royaume d'Annam.

3. — En 1780, sous le règne de Thế-tổ ou Võ-vương (4e de Lê-ý-tông) la Basse-Cochinchine fut divisée en trois *Trấn :*

    1º Biên-trân (Biên-hòa).
    2º Phan-trấn (Gia-định et Định-tường).
    3º Long-hồ (Vĩnh-long An-giang et Hà-tiên).

4. — En 1806, sous Gia-long, le pays de Đồng-nai ou Gia-định (Basse-Cochinchine appelé ainsi à cette époque) fut divisé en cinq *Trấn :*

  1° Phan-trấn (Gia-định).
  2° Biên-trấn (Biên-hòa).
  3° Vĩnh-trấn (Vĩnh-long An-giang).
  4° Định-trấn (Định-tường).
  5° Hà-tiên (Hà-tiên).

5. — Et enfin sous Minh-mạng, qui a grandit ce territoire, il fut divisé en huit *Trấn :*

  1° Gò-sặt (Pur-sặt).
  2° Nam-vang (Pnom-pénh).
  3° An-giang (Châu-đốc).
  4° Vĩnh-thanh (Vĩnh-long ou Long-hồ).
  5° Định-tường (Mĩ-tho).
  6e Phan-yên (Gia-định).
  7° Biên-hòa (Đồng-nai).
  8° Hà-tiên.

Sous Thiệu-trị les Annamites rendirent au Cambodge, les deux premiers *Trấn* et n'en conservèrent que six.

7. — Ce fut en 1859 que l'expédition franco-espagnole commandée par le vice-amiral Rigault de Genouilly venant de Tourane, après avoir pris successivement les forts de l'entrée de la rivière de Saigon, s'empara de la citadelle de Gia-định, le 17 février 1859.

Pendant les premiers temps de l'occupation, les Annamites se retirèrent à Chí-hóa et s'y fortifièrent. A peine les travaux de fortification étaient-ils accomplis, que le vice-amiral Charner, vint s'en rendre maître le 26 février 1861.

9. — Après cette bataille décisive, les Français prirent encore trois provinces :

1º Mĭ-tho (Định-tường), le 12 avril 1861, sous le contre-amiral Page.

2º Biên-hòa, le 9 décembre 1861, sous le contre-amiral Bonard.

3º Vĭnh-long (Long-hổ) le 28 mars 1862, sous le même contre-amiral Bonard.

10. — Après ces affaires la cour de Huể demanda à négocier.

Un traité fut conclu et signé à Saigon, le 5 juin 1862 par le contre-amiral Bonard, par Phan-thanh-giản, (Hiệp biện đại học sĩ, lãnh lễ bộ thượng thơ, sung cơ mật viện đại thần), et par Lâm-duy-nghĩa, (Binh bộ thượng thơ, khâm sung nghị hòa), ministres plénipotentiaires de la cour de Huể.

11. — Par ce traité, trois provinces de l'Est de la Basse-Cochinchine, Gia-định, Định-tường et Biên-hòa furent cédées définitivement à la France.

Quatre millions de piastres mexicaines d'indemnité de guerre durent être versés par le gouvernement annamite au trésor des gouvernements français et espagnol.

La liberté du culte catholique et du commerce fut proclamée et pour cet effet, trois ports de mer Cửa-hàn (Tourane), Ba-lạt et Quản-yên devaient être ouverts au commerce étranger.

12. — Enfin en 1867, sous le vice-amiral de la Grandière, les trois autres provinces de l'ouest, Vĭnh-long, An-giang et Hà-tiên, furent occupées et annexées à celles de l'est. C'est l'ensemble des provinces conquises qui forme aujourd'hui le territoire appelé Nam-kì-lục-tỉnh (Basse-Cochinchine).

Cette annexion vient d'être réglée définitivement par un traité de paix intervenu entre les deux Puissances intéressées, la France et l'Annam, et signé à Saigon le 15 mars 1874 par le contre-amiral Dupré, gouverneur de la Basse-Cochinchine, au nom de la France, et Lê-tuân et Nguyễn-tường, ministres plénipotentiaires annamites.

Le 31 août 1874, un traité de commerce, fut signé à Saigon, par M. le Contre-Amiral Krantz au nom de la France, et par Nguyễn-văn-tường, Nguyễn-tân-doân, au nom de l'Annam.

Ce traité ouvre les ports de Thi-nại, dans la province de Bình-đình, de Ninh-hải, dans la province de Hải-dương, la ville de Hà-nội et le passage par le fleuve Nhị-hà, depuis la mer jusqu'au Vân-nam (Yun-nan), au commerce étranger ; il assure et règle la circulation des Européens dans le royaume.

QUESTIONS.

1. Qu'était la Basse-Cochinchine, avant de faire partie du royaume d'Annam ?

2. En quelle année ce pays devint-il annamite ?

3. Quelle était la division de la Basse-Cochinchine sous Thê-tồ ?

4. Comment était-elle divisée sous Gia-long en 1806 ?

5. Comment l'était-elle sous l'empereur Minh-mạng ?

6. En quelle année la Basse-Cochinchine fut-elle occupée par les Français ?

7. A quelle époque les lignes de Chí-hòa furent-elles prises ?

9. En quelle année et par qui les villes de Mĩ-tho, Biên-hòa et Vĩnh-long furent-elles prises ?

10. En quelle année le 1er traité fut-il conclu ?

11. Quelles sont les stipulations principales du traité de 1862 ?

12. En quelle année les trois provinces de l'ouest furent-elles occupées et annexées à celles de l'est ?

13. Quels sont les traités intervenus dans ces deniers temps entre la France et l'Annam ?

———

I.

POSITION GÉOGRAPHIQUE DE LA BASSE-COCHINCHINE, SES BORNES, SA LONGUEUR, LARGEUR, POPULATION, SUPERFICIE, SON ASPECT GÉNÉRAL ET SA NATURE GÉOLOGIQUE.

1. — La Basse-Cochinchine est située au S. E. de l'Indo-Chine, entre le 102° et le 105° de longitude à l'Est de Paris et le 8° et le 11° 30″ de latitude nord.

2. — Elle est bornée :

Au Nord, par le royaume du Cambodge et le pays des Moïs.

Au N. E. par la province de Bình-thuận.

A l'E. et au S. par la mer de Chine.

Et à l'O. par le golfe de Siam.

3. — Sa plus grande longueur du Nord-Est au Sud-Ouest est de 385 kilomètres et sa largeur de l'E. à l'O. est de 330 kilomètres.

4. — Sa superficie est évaluée à 60,000 kilomètres carrés.

Il est assez difficile en ce moment de savoir exactement quelle est la population de la Basse-Cochinchine, vu l'irrégularité du recensement fait par le gouvernement annamite qui n'y comptait que les hommes inscrits. On peut pourtant dire que sa population est d'environ deux millions d'habitants.

5. — La partie occidentale de ce pays présente un sol généralement plat, très-peu élevé au-dessus des eaux, et sillonné de tous côtés d'un nombre considérable d'arroyos.

Les terrains élevés commencent seulement au-dessus de Saigon et s'étendent jusqu'aux limites septentrionales de la province de Biên-hòa.

Les hauteurs les plus remarquables de cette partie, dernières ramifications de la chaîne, qui descend du Thibet, sont les monts :

Núi Dinh.

Núi Bà-rịa.

Núi Gành-rái (cap St-Jacques).

Núi Tùy-vân (cap Tiwane).

Et le pic de Badinh (Chiêng-bà-đen).

6. — La majeure partie du territoire de cette contrée est un terrain d'alluvion, formé par la vase et le sable apportés par l'action de l'eau, et arrêtés ou retenus par les racines des cây đước, vọt, gìa, bần etc.....

Le pays est très-boisé du côté des terrains élevés; dans les plaines basses, les cours d'eau sont bordés d'un rideau de feuillage, derrière lequel s'étendent les champs et des rizières sans fin.

QUESTIONS.

1. Où se trouve située la Basse-Cochinchine ?
2. Quelles sont ses bornes ?
3. Quelle est sa plus grande longueur ?

4. Quelle est sa plus grande largeur ?

5. Quelle est sa superficie et sa population ?

6. Quel est son aspect général ?

7. Quelle est la nature géologique de la Basse-Cochinchine ?

II.

ANCIENNES DIVISIONS POLITIQUES ET ADMINISTRATIVES.
ADMINISTRATION DES PROVINCES.

1. Sous l'ancien régime annamite, la Basse-Cochinchine était divisée en six *tỉnh*, dont le premier était Saigon (Gia-định) chef-lieu le plus important et siége du gouvernement général, de la vice-royauté.....

Chaque tỉnh (province) se subdivisait en phủ, huyện, tổng, xã, thôn, lý, ấp etc.....

1º GIA-ĐỊNH TỈNH.

TỈNH.	PHỦ.	HUYỆN.
1º Gia-định tỉnh 4 phủ 9 huyện.	1º Tân-bình phủ (Saigon).	1º Bình-dương, (Saigon). 2º Bình-long, (Hóc-môn). 3º Tân-long, (Chợ-lớn).
	2º Hòa-thạnh phủ (Gò-công).	1º Tân-hòa, (Gò-công). 2º Tân-thạnh, (Kì-son).
	3º Tân-an phủ (Vũng-gù).	1º Cửu-an, (Vũng-gù). 2º Phước-lộc, (Cần-giuộc).
	4º Tây-ninh phủ.	1º Tây-ninh, (Tây-ninh). Quang-hóa, (Trảng-bàng.

2o BIÊN-HÒA TINH.

TỈNH.	PHỦ.	HUYỆN.
2o Biên-hòa tỉnh 2 phủ 7 huyện.	1o Phước-long (Dỏ-sa).	1o Phước-chánh, (Dỏ-sa). 2o Bình-an, (Thủ-dầu-một). 3o Ngãi-an, (chợ Thủ-đức). 4o Phước-bình, (Biên-hòa).
	2o Phước-tuy (Mô-xoài).	1o Phước-an, (Mô-xoài). 2o Long-thành, (Đồng-môn). 3o Long-khánh, (Thôn-mọi Bà-kí).

3o ĐỊNH-TƯỜNG TỈNH.

TỈNH.	PHỦ.	HUYỆN.
3o Định-tường tỉnh 2 phủ 4 huyện.	1o Kiên-an (chợ Cai-tài).	1o Kiên-hưng, (giồng Trần-định). 2o Kiên-hòa, (Chợ-gạo).
	2o Kiên-tường (Cao-lãnh).	3o Kiên-phong, (Cái-bè). 4o Kiên-đăng, (Cai-lậy).

4o VĨNH-LONG TỈNH.

TỈNH.	PHỦ.	HUYỆN.
4o Vĩnh-long tỉnh 4 phủ 8 huyện.	1o Định-viễn (Vĩnh-long).	1o Vĩnh-bình, (Long-hồ). 2o Vĩnh-trị, (Vũng-liêm).
	2o Hoằng-an (Ba-vác).	1o Tân-minh, (Ba-vác). 2o Duy-minh, (rạch Nước-trong.)
	3o Hoằng-đạo ou trị (Bến-tre).	1o Bảo-trị, (Bến-tre). 2o Bảo-an, (Cái-bông).
	4o Lạc-hóa (Chả-văng).	1o Tuân-ngãi, (Cầu-ngang, Mương-dục). 2o Trà-vinh, (Trà-vinh).

5o AN-GIANG TỈNH.

TÍNH.	PHỦ.	HUYỆN.
5o An-giang tỉnh 3 phủ 8 huyện.	1o Tuy-biên (Châu-đốc).	1o Tây-xuyên (Cái-vừng, Ba-rách, Long-xuyên). 2o Phong-phú (Cần-thơ).
	2o Tân-thành (Sa-đéc),	1o Vĩnh-an (Sa-đéc). 2o Đông-xuyên (Cái-vừng). 3o An-xuyên (Nha-mân).
	3o Ba-xuyên (Sốc-trăng).	1o Phong-nhiêu (Bãi-xàu). 2o Phong-thạnh (Giu-gia). 3o Vĩnh-định (Ba-xuyên).

6o HÀ-TIÊN TỈNH.

TỈNH.	PHỦ.	HUYỆN.
6o Hà-tiên tỉnh 3 phủ 7 huyện.	1o Quảng-biên -Cần-vọt).	1o Khai-biên (phía Cần-vọt). 2o Vĩnh-trường (phía Cầnvọt)
	2o An-biên (Hà-tiên).	1o Hà-châu (Hà-tiên). 2o Long-xuyên (Cà-mau). 3o Kiêng-giang (Rạch-gía).
	3o Tịnh-biên (Thất-sơn, Xàtón)	1o Hà-dương (Lình-quình). 2o Hà-âm (Giang-thiên).

ADMINISTRATION DES PROVINCES.

2. — Chaque province ou tỉnh était administrée par un tổng-đốc ou par tuần-phủ, (selon l'importance de la province) gouverneur, assisté d'un bố-chánh, chef d'administration de la province, d'un án-sát, chef du service judiciaire, d'un lãnh-binh, commandant supérieur des troupes et d'un đốc-học, directeur de l'instruction publique.

Une province pouvait être divisée en plusieurs phủ, dont

chacun était dirigé par un tri-phủ pour l'administration, et un huân-đạo, directeur des études.

Un phủ, était subdivisé en plusieurs huyện, à la tête de chacun desquels étaient un tri-huyện, pour l'administration, et un giáo-thọ, chargé de l'instruction et de la direction des écoles.

Un huyện était composé de plusieurs tổng, cantons, dont chacun avait pour chef un cai-tổng, chef de canton, souvent assisté d'un sous-chef phó-tổng, ou d'un thừa-biện.

Un tổng, canton, était composé de plusieurs villages, dont chacun avait pour l'administration un maire xã, xã-trưởng ou thôn-trưởng, assisté d'un conseil de notables, hương-thân, hương-hào, ông cả, hương-chủ, hương-sư, hương-trưởng, hương-văn, hương-lễ, hương-nhứt, hương-nhì, phó-xã, thủ-bộ, thủ-khoán, cai-tuần, biện-lại, trùm, et trưởng.

SERVICE DE TRẠM.

3. — La transmission des dépêches administratives s'opérait par le moyen des trạm (stations postales). Ce service était à la charge et sous la direction du Bố-chánh, chef d'administration de la province.

Une ligne de trạm, était échelonnée sur la route royale appelée đường-quan ou đường-trạm, et parcourait le pays de province en province jusqu'à la capitale.

4. — Voici les noms des trạm existant alors dans la Basse-Cochinchine.

17 trạm :

Dans la province de :

1o Hà-tiên   110 lý.

2º An-giang 4 trạm	1º Giang-định	45 lý.	217 lý.
	2º Giang-hòa	65 lý.	
	3º Giang-lộc	54 lý.	
	4º Giang-mĩ	53 lý.	
3º Vĩnh-long 2 trạm	1º Vĩnh-phước	40 lý.	81 lý.
	2º Vĩnh-dai	41 lý.	
4º Định-tường 3 trạm	1º định-hòa	29 lý.	101 lý.
	2º Định-tân	36 lý.	
	3º Định-an	36 lý.	
5º Gia-định 4 trạm	1º Gia-cầm	29 lý.	114 lý.
	2º Gia-nhơn	29 lý.	
	3º Gia-tân	29 lý.	
	4º Gia-lộc	27 lý.	
6º Biên-hòa 4 trạm	1º Biên-thạnh	20 lý.	116 lý.
	2º Biên-long	40 lý.	
	3º Biên-phước	28 lý.	
	4º Biên-lễ	28 lý.	

(1) lý = 370 tầm.

QUESTIONS.

1º Quelles étaient les divisions politiques et administratives de la Basse-Cochinchine sous l'ancien régime annamite ?

2º Comment était-elle administrée ?

3º Comment le service des postes y était-il organisé ?

4º Quels étaient les noms des trạm dans chacune des six provinces ?

III.

NOUVELLES DIVISIONS POLITIQUES ET ADMINISTRATIVES. — ADMINISTRATION.

1. — Les six provinces de la Basse-Cochinchine, ac-

2

tuellement colonie française, sont administrées par un gouverneur assisté d'un conseil privé.

2. — Le siége du gouvernement est dans la province de Gia-định à Saïgon, ville capitale, installée à l'européenne où siégent les bureaux des différents services, tels que : palais du gouvernement, direction de l'intérieur, palais de justice, cour d'appel, tribunal de 1re instance, tribunal de commerce, évêché, arsenal, administration de la marine et des finances, commandement supérieur des troupes, chambre de commerce, bureau télégraphique central, etc.....

3. — L'usage a conservé à la Basse-Cochinchine française la division des provinces comme elle existait du temps des mandarins ; mais cette désignation n'implique plus aucune administration spéciale ou particulière à chaque province comme par le passé : l'administration émane tout entière du gouvernement de Saïgon.

L'administration indigène est confiée à des inspecteurs et à des administrateurs, et l'étendue, qui ressort de leur autorité, prend le nom d'inspection.

Quant à l'administration générale intérieure du pays, elle est centralisée à Saïgon, dans les bureaux de la Direction de l'intérieur. Les administrateurs des diverses inspections relèvent directement du directeur de l'intérieur, qui leur communique toutes instructions et tous ordres administratifs, et à qui ils doivent rendre compte des faits et circonstances intéressant la direction des affaires coloniales.

4. — Il y a (1875) vingt inspections ou arrondissements administrés par des administrateurs des affaires indigènes et ainsi répartis :

Trois à l'Est, savoir :

1 Biên-hòa.

2 Bàrịa.

3 Thỉ-dầu-một.

Six, au milieu :

1 Tây-ninh.

2 Saigon.

3 Chợ-lớn.

4 Gò-công.

5 Tân-an.

6 Mỉ-tho.

Trois au Sud :

1 Bến-tre.

2 Trà-vinh.

3 Sốc-trăng.

Huit à l'Ouest :

1 Vĩnh-long.

2 Sa-đéc.

3 Long-xuyên.

4 Trà-ôn.

5 Châu-đốc.

6 Hà-tiên.

7 Rạch-giá. (1)

8. Phú-quôc, supprimée et rattachée à l'arrondissement d'Hà-tiên, comme par le passé, par l'arrêté du 16 juin 1875.

Ces inspections portent le nom de leurs chefs-lieux et sont divisées en cantons partagés eux-mêmes en communes.

5. — Voici d'ailleurs le tableau des six provinces et des inspections qui les desservent :

(1) Voir à la fin du volume la note concernant les noms de ces différentes circonspections sous le régime Combodgien.

1º Gia-định. — 5. Sàigòn, Chợlớn, Tây–ninh, Tân-an, Gò-công.

2º Định-tường. — 1. Mĩ-tho.

3º Biên-hòa. — 3. Biên-hòa, Bàrịa, et Thủ-dầu-một.

4º Vĩnh-long. — 3. Vĩnh-long, Trà-vinh, Bến-tre.

5º An-giang. — 5. Châu-đốc, Long-xuyên, Trà-ôn, Sa-đéc, Sốc-trăng.

6º Hà-tiên. — 4. Hà-tiên, Rạch-gía, et Phú-quốc (sup-primée le 1er juillet 1875).

6. — Ces diverses inspections sont reliées entre elles :

1º Par les *Trạm*, ayant Saigon comme tête de ligne ; ce service est fait par des miliciens :

2º Par des stations télégraphiques qui partent de Sàigòn et aboutissent à Pnôm-pénh.

Ces stations sont au nombre de vingt-six savoir :

Saigon	Cái-bè
Thủ-dầu-một	Vĩnh-long
Biên–hòa	Bến-tre
Long–thành	Sốc-trăng
Bàrịa	Sa-đéc
Cap St–Jacques	Trà-vinh
Tràng-bàng	Long-xuyên
Tây-ninh	Rạch-gía
Chợ-lớn	Châu-đốc
Bến-lức	Hà-tiên
Gò-công	Pnôm-pénh
Tân–an	Ou-đông
Mĩ-tho	Campot :

de nouvelles lignes relieront bientôt à la capitale, la seule inspection qui ne le soit encore, Cần-thơ.

7. — Quant à la capitale elle-même, Saigon, elle est reliée à la métropole par les messageries maritimes et par

un câble télégraphique sous-marin.

8. — *Attributions du Gouverneur*. — Le Gouverneur, qui représente le chef du gouvernement de la métropole est dépositaire de son autorité. Il nomme les agents et fonctionnaires, dont la nomination n'est pas réservée à la métropole ; prend des arrêtés et des décisions, exerce envers la population indigène les suprêmes pouvoirs législatifs et judiciaires, fixe les tarifs des taxes locales et détermine le mode d'assiette et les règles de perception des contributions publiques.

En résumé, il réunit les pouvoirs civils et militaires et est en même temps commandant en chef de la division navale en Cochinchine.

9. — *Conseil privé*. — Le Gouverneur est assisté, à titre consultatif, d'un conseil privé composé :

Du commandant supérieur des troupes.

Du chef du service administratif.

Du directeur de l'intérieur.

Du procureur général et de deux notables français résidant dans la colonie.

10. — *Administrations générales*. — On compte quatre administrations générales, savoir :

1º L'administration de l'intérieur.

2º L'administration de la marine.

3º L'administration de la justice.

4º L'administration militaire.

On en comptait une 5e, le contrôle colonial (supprimé le 16 juin 1873), par décret du 15 avril de la même année.

6º La trésorerie.

11. — L'administration de l'intérieur a à sa tête un directeur de l'intérieur comprenant dans le ressort de son autorité :

1º La justice indigène.

2º L'instruction publique.

3º Les services financiers tels que la poste, l'enregistrement et domaines, le cadastre, le télégraphe, la direction du port de commerce.

4º Les travaux publics composés des ponts et chaussées et des bâtiments civils

5º Les services concernant l'agriculture, le commerce et l'industrie.

6º La police, les établissements pénitenciers et hospitaliers.

7º Les affaires indigènes dirigées dans chaque inspection par des administreurs ayant sous leurs ordres pour les détails de l'administration et de la police, des phù, des huyện, les chef de cantons et les maires dés villages.

12. — Jusqu'en 1874 les inspecteurs et les administrateurs des affaires indigènes étaient recrutés parmi les officiers de toutes armes (de la marine). Mais depuis la publication du nouveau décret du 10 février 1873, les administrateurs stagiaires sont choisis parmi les jeunes gens possédant des diplômes universitaires et âgés de moins de 28 ans.

13. — Les services relevant de l'administration de la marine, c'est-à-dire, les services à la charge spéciale de la métropole, à la tête de laquelle est le chef du service administratif, comprenant :

1º Les revues.

2º Les armements et l'inscription maritime.

3º Les fonds.

4º Les approvisionnements et les travaux.

5º Les subsistances.

6º Les hôpitaux.

Tous ces sevices sont dirigés par des officiers du corps du commissariat de la marine.

14. — L'administration de la justice française a pour chef le procureur général qui a autorité en ce qui concerne la justice :

1º Sur le tribunal de commerce.

2º Sur la police.

3º Sur les administrateurs des affaires indigènes remplissant les fonctions de juge dans l'intérieur pour toutes causes du ressort des tribunaux de 1re instance.

Les notaires sont aussi sous la dépendance du procureur général.

15. — L'administration militaire ayant pour chef direct le Gouverneur, commandant en chef, comprend :

1c Le service des troupes commandé par un général de brigade, commandant supérieur, assisté d'un major de garnison.

2º La marine ayant à sa tête un commandant de la marine, qui a sous ses ordres le directeur des constructions navales.

———

QUESTIONS.

1. Quelle est la forme administrative de la Basse-Cochinchine française actuelle ?

2. Dans quelle province le siége du Gouvernement est-il ?

3. Quelles sont les divisions politiques et administratives adoptées par le gouvernement colonial français ?

4. Combien d'inspections y a t-il dans la Basse-Cochinchine ?

5. Combien d'inspections chacune des provinces comprend-elle ?

6. Comment sont reliées ces diverses inspections ?

7. Comment Saigon est-elle reliée à la métropole ?

8. Quelles sont les attributions du gouverneur ?

9. Par qui le gouverneur est-il assisté dans son administration ?

10. Combien d'administrations générales compte-t-on ?

11. Quels sont les services relevant de l'administration de l'intérieur ?

12. D'où sortent les inspecteurs et les administrateurs des affaires indigènes ?

13. Quels sont les services relevant de l'administration de la marine ?

14. Que comprend l'administration de la justice ?

15. Quels sont les services relevant de l'administration militaire ?

IV.

FLEUVES ET RIVIÈRES.

1. — Les fleuves qui arrosent la Basse-Cochinchine sont :

Le fleuve Antérieur (Tiến-giang ou sông trước).

Le fleuve Postérieur (Hậu-giang ou sông sau).

Le Vaïco (Vàm-cò).

Le Donnaï (sông Đồng-nai, et sông Saigon).

Les fleuves Antérieur et Postérieur sont formés du grand fleuve Mé-cong (Cửu-long-giang), qui prend sa source dans les montagnes du Thibet, et arrose la partie méridionale de la Chine, l'ouest de l'empire d'Annam, et passe dans le Cambodge où il se divise en trois branches principales, qui partent de Pnôm-pénh (Nam-vang) et sont :

1º Le sông vô biển hồ, en cambodgien Tonlé-sap, qui remonte vers le nord-ouest, arrose le Cambodge et va se jeter dans le grand lac Tonlé-sap.

2º La deuxième, qui se dirige vers l'ouest prend le nom de *fleuve Postérieur* (Hậu-giang ou Sông-sau) ; coule ensuite du nord-ouest au sud-est et communique avec le golfe de Siam par le canal Vĩnh-tế de Hà-tiên et celui de Rạch-giá et va se jeter dans la mer de Chine au sud-est de l'inspection de *Trà-vinh* et au sud-ouest de celle de *Sốc-trăng*.

3º La troisième branche ou fleuve Antérieur (Tiền-giang ou Sông-trước) dirige ses eaux parallèlement à la précédente et forme à Vĩnh-long quatre bras et se jette dans la mer de Chine par six embouchures formant un delta.

4. — Chacun de ces fleuves forme un très-grand nombre d'arroyos qui souvent portent le nom des villages par lesquels ils passent, et font communiquer le fleuve *Postérieur* au fleuve *Antérieur*.

5. — Les fleuves *Postérieur* et *Antérieur* arrosent les trois provinces de l'ouest Hà-tiên, An-giang (Châu-đốc) et Vĩnh-long. Ils séparent les possessions françaises du royaume du Cambodge. La rive gauche du fleuve Antérieur sépare les trois anciennes provinces des trois nouvelles.

6. — Ceux qui arrosent les trois provinces de l'est, *Mĩ-tho, Saigon et Biên-hòa* sont :

Le Vaïco (Vàm-cỏ) et

Le Donnaï (Đông-nai, rivières de Biên-hòa et de Saigon).

7. — Le Vaïco, qui prend sa source dans le Cambodge, se divise en deux :

1º Le Vaïco oriental (sông Bên-lức) qui coule parallèlement à la rivière de Sàigòn du nord au sud et forme l'arroyo, que les Européens appellent, arroyo chinois.

2º Le Vaïco occidental (sông Vũng-gù) qui communique avec le fleuve Antérieur et forme plusieurs arroyos dont les plus importants sont l'arroyo de la Poste et celui du Commerce, il sépare la province de Mỷ-tho de celle de Saigon, se réunit dans celle-ci au Vaïco oriental et se jette dans la mer de Chine au Soirap (Lôi-rạp).

8. — Le Donnaï se divise en deux parties :

1º Le Donnaï ou rivière de Biên-hòa qui prend sa source dans le pays des Moïs, passe à Biên-hòa et arrivé dans la province de Saigon reçoit la rivière de ce nom et va se jeter dans la mer de Chine, dans la baie de Cần-giờ, près du cap St-Jacques. C'est par cette rivière que les navires remontent à Saigon.

2º La rivière de Saigon, qui prend sa source dans le Cambodge, communique à l'ouest avec le grand Vaïco par l'arroyo chinois. (Chợ-lớn, Ruột-ngựa, Rạch-cát, Ngả-tư, Chợ-đệm, Ba-cụm, Bên-lức). Et à l'est par le *Rạch-chiết* (tát Đồng-nhiên) avec le Donnaï.

Les Vaïcos oriental et occidental coulent parallèlement entre eux, ainsi que le Donnaï et la rivière de Saigon pendant la plus grande partie de leur cours supérieur.

9. — Le Vaïco oriental (Bên-lức) communique avec le Vaïco occidental (sông Vũng-gù) par Thủ-đoàn, Thủ-thừa et rạch Bo-bo.

10. — Quant au Vaïco occidental, il est relié au fleuve de Mỹ-tho par le kinh Vũng-gù (l'arroyo de la Poste).

QUESTIONS.

1. Quels sont les fleuves qui arrosent la Basse-Cochinchine ?

2. De quel fleuve, les fleuves *Antérieur* et *Postérieur* sont-ils formés ?

3. Quelles sont les trois branches principales formées par le *Mé-kong* ?

4. Ne forment-ils pas des arroyos ?

5 Quelles provinces les fleuves *Antérieur* et *Postérieur* arrosent-ils ?

6. Quels sont les fleuves qui arrosent les trois provinces de l'Est ?

7. En combien de branches se divise le Vaïco ?

8. Comment se divise le Donnaï ?

9. Par quel arroyo le Vaïco oriental communique-t-il avec le Vaïco occidental ?

10. Comment le Vaïco occidental est-il relié au grand fleuve *Antérieur* ?

V.

PORTS DE MER.

1. — Les principaux ports de mer de la Basse-Cochinchine sont :

1° A l'ouest, dans le golfe de Siam :

1° Cửa Hà-tiên	Communiquent avec le fleuve Antérieur,	Par le canal de Vĩnh-tế.
2° Cửa Rạch-giá		Par le canal de Rạch-giá.

3º Cửa ông Đốc } Par lesquels on entre à Cà-mau.
4º Cửa Lớn.

2º A l'Est dans la mer de Chine ; de la pointe de Cà-mau jusqu'à la frontière de Bình-thuận :

1º Cửa Bồ-đề   } Par lesquels on entre à Cà-mau.
2º Cửa Gành-hàu.

3º Cửa Mĩ-thanh | Par où on entre à Sốc-trăng.

4º Cửa Tràn-di } Par lesquels on entre dans le fleuve Postérieur.
5º Cửa Định-an

6º Cửa Cổ-chiên | Par lequel on remonte à Vĩnh-long.
7º Cửa Ban-cung | Par lequel on entre à Ban-cung.
8º Cửa Ngao-châu | Par lequel on entre à Hàm-luông.

9º Cửa Ba-lai.

10º Cửa Đại   } A Mĩ-tho.
11º Cửa Tiểu

12º Cửa Lôi-rạp.

13º Cửa Đồng-tranh.

14º Cửa Cần-giờ.

15º Cửa Lập ou Giêng-bộng.

Parmi ces ports, ceux de Saigon (cửa Cần-giờ) et cửa Tiểu sont les plus fréquentés par les navires européens.

Les jonques annamites et chinoises abordent le plus souvent ceux de Saigon (Cần-giờ), cửa Tiểu, cửa Hà-tiên et cửa Cổ-chiên.

QUESTIONS.

1. Quels sont les principaux ports de mer de la Basse-Cochinchine ?

2. Quels sont les ports les plus fréquentés des navires européens et des jonques annamites et chinoises ?

VI.

ILES.

1. — Les îles qui se rattanchent à la Basse-Cochinchine sont :

Au sud, dans la mer de Chine :

Pulo-Condor (Côn-nôn) renfermant un pénitencier.

A l'ouest, dans le golfe de Siam.

1º Phú-quôc.

2º Les îles des Pirates.

3º Les îles Ba-lụa.

4º Pulo-Damar.

2. — Les fleuves Antérieur et Postérieur forment en outre plusieurs îles, dont les pricipales sont :

1º Pour le fleuve Antérieur :

1º Cù-lao Đại-châu, entre, cửa Đại et cửa Tiểu.

2º Cù-lao Rồng, entre cửa Đại et cửa Ba-lai.

3º Cù-lao Năm-thôn.

4º Cù-lao Gieng ou Đầu-nước.

5º Cù-lao Tây.

6º Cù-lao Cái-vừng.

3. — Pour le fleuve Postérieur :

1º Cù-lao Giung.

2º Cù-lao Công.

3º Cù-lao Thầng-cộc.

4º Cù-lao Nai.

5º Cù-lao Mật.

6º Cù-lao Cát.

7º Cù-lao Cotambôn (Cồ-bôn).

QUESTIONS.

1. Quelles sont les îles qui se rattachent à la Basse-Cochinchine ?

2. Quelles sont les îles qui se trouvent dans le fleuve Postérieur ?

3. Quelles sont les îles qui sont formées par le fleuve Antérieur ?

VII.

MONTAGNES.

1. — Les montagnes les plus connues de la Cochinchine sont :

1° Dans la province de Biên-hòa :

1° Núi Bà-rịa.

2° » Mô-xoài.

3° » Gành-rái.

4° » Châu-thới.

5° » Nứa.

6° » Bà vãi.

7° » Bà-kí.

8° » Lò-thòi etc.

2° Dans la province de Saigon, le mont de Bà-đinh ou Điện-bà, ou Chơn-bà-đen.

3° Dans la province de Châu-đốc :

1° Núi Sam.

2° » Xà-tón.

3° Núi Két.

4° » Dài.

5° » Tà-sư.

6° » Bà-đắc.

7° » Rô.

8° » Bà-đội-om.

9° » Than.

10° » Sập ou Tonsơn.

4° Dans la province de Hà-tiên :

1° Núi Ngũ-hồ.

2° » Pháo-đài.

3° » Tô-châu.

4° » Th ch-động.

5° » Đá-dựng.

1° Hòn Rạch-vược.

2° » Táo.

3° » Nai etc.

QUESTIONS

1. — Quelles sont les montagnes les plus connues sur le territoire de la Basse-Cochinchine ?

VIII.

PRODUITS.

1. — Les productions générales de la Basse-Cochinchine sont :

Le riz.

Le bois de construction.

Le sucre.

L'indigo.

Le poivre.

Le coton.

Les cocons.

La soie.

L'huile de cocos.

L'huile d'arachides.

Le poisson frais.

Le poisson sec et salé.

La noix d'arec.

Les plumes d'oiseaux.

Le miel.

La cire etc.

2. — Les produits principaux de son sol, selon les trois règnes naturels sont :

1. — Pour le règne végétal.

1º Plusieurs espèces de bois de construction.

2º Diverses espèces de riz.

3º Cocotiers.

4º Aréquiers.

5º Manguiers.

6º Plusieurs sortes d'orangers.

7º Pomme-cannelliers.

8º Bananiers.

9º Arachides.

10º Ananas.

11º Tabac.

12º Canne à sucre.

13º Indigo.

14º Mûriers etc.

3. — 2° Pour le règne minéral (en exploitation).

Carrières de pierre de Biên-hòa.

Granit du cap St-Jacques.

Jais de Phú-quôc.

4. — 3° Pour le règne animal.

Tigres.

Éléphants.

Rhinocéros.

Cerfs.

Buffles.

Bœufs.

Chevaux.

Chèvres.

Caïmans, crocodiles.

Serpents boas.

Paons.

Faisans.

Tourterelles etc.

5. — 3° Si nous envisageons maintenant les produits principaux particuliers à chacune des six provinces de la Basse-Cochinchine, nous rencontrons :

Biên-hòa. — Dū sucre, du sel, du tabac, du bois, etc.

Saigon. — Du tabac, du riz, du bois, etc.

Mí-tho. — Des cocos, des noix d'arec, du riz, etc.

Vĩnh-long. — Du paddy, du riz, des noix d'arec, des fruits, etc.

Châu-đôc. — Du poisson, de la soie, de l'indigo, etc.

Hà-tiên. — Du poivre, du miel, de la cire, nattes, plumes d'oiseaux, etc.

6. — Enfin nous trouvons les pêcheries les plus impor-

tantes du pays sur les rives des fleuves Antérieur et Postérieur dans la province de *Châu-đốc* savoir :

1° A CHÂU-ĐỐC

Fleuve Postérieur.   *Fleuve Antérieur.*

CHÀU-ĐỐC.

Fleuve Postérieur.	*Fleuve Antérieur.*
1° Vúng-thăng đà.	1° Vĩnh-lợi đà.
2° Vĩnh-tế đà.	2° Tham-rôn đà.
3° Cần-thơ đà ou Xép-chông-cần-lung.	3° Cái-đầm đà.
4° Du-nhiên ou Cái-dầu.	4° Đồng-xôc đà.
5° Hóa-cù ou Náng-gù.	5° Má-trường ou ruột-ngựa.
	6° Hiệp-ân.
	7° Thường-lạc (thủy-ilợ)

2° A LONG-XUYÊN.

Fleuve Postérieur.   *Fleuve Antérieur.*

LONG-XUYÊN.

Fleuve Postérieur.	*Fleuve Antérieur.*
1° Hiên-cần đà ou Mật-cần-dưng.	1° Ngư-ông đà ou Lòng-ông-chưởng.
2° Thủ-thảo đà ou vàm Long-xuyên.	2° Như-cương ou Ba-răng.
3° Thất-sơn đà ou Thôt-nôt.	3° Huình-kim-thượng.
	4° Huình-kim-hạ.
	5° Cái-tre.
	6° Cái-dầu.

3° A CẢN-THƠ.

1° Ô-môn đà.
2° Bình-thủy.
3° Hải-đông thủy-lợi.

4º A TÂN-THÀNH OU SA-ĐÉC.

Hải-đông thủy lợi. |

5º A BA-XUYÊN.

1º Ba-xuyên đà. |
2º Hải-đông thủy lợi. |

QUESTIONS.

1. Quelles sont les productions générales de la Basse-Cochinchine ?

2. Quelles sont les productions dans le règne végétal ?

3. Quelles sont celles dans le règne minéral ?

4. Quelles sont celles dans le règne animal ?

5. Quels sont les produits particuliers à chacune des six provinces de la Basse-Cochinchine ?

6. Dans quelle province se trouvent les pêcheries les plus importantes ?

IX.

COMMERCE ET INDUSTRIE.

Les transactions commerciales se font par l'échange des produits de toutes sortes, tels que riz, paddy, bois de construction, coton, indigo, poivre, peaux d'animaux, cocons, soie, poisson sec et salé, plumes d'oiseaux, sel, écaille de

ortues, sucre, noix d'arec, bétel, huile de cocos, d'arachides, etc......

Quant à l'industrie, elle n'est pas assez développée.

Jusqu'à aujourd'hui les Annamites ont peu travaillé pour
'exportation et pour le commerce général ; ils ne fabri-
quent guère que pour la consommation du pays et de la
amille.

X.

RELIGION.

Les habitants de la Basse-Cochinchine ont trois religions
lifférentes :

1º Bouddhisme mélangé de beaucoup de croyances popu-
aires plus ou moins grossières.

2º Đạo-nho ou nhu, espèce de religion naturelle ou
loctrine de Confucius pratiquée par les lettrés.

3º Christianisme (catholicisme.)

Le nombre des catholiques qui s'élevait à 27,000 en
1860, est aujourd'hui de 50,000.

FIN.

NOMS
Des ports de mer, des cours d'eau, des îles et des montagnes par province.

PORTS DE MER.

PROVINCE DE BIÊN-HÒA. 2.

En annamite vulgaire.	En caractères chinois.
1º Cửa Lấp, ou Giếng-bộng.	1. Tắc-kí, (32,1,1.)
2º Vũng-tàu (baie de).	2. Thuyền-úc.
3º Xích-ram.	3. Xích-ram.

PROVINCE DE GIA-ĐỊNH (SAIGON.)

En annamite vulgaire.	En caractères chinois.
1º Cửa Cần-giờ, (1368,2,0).	1. Cần-giờ.
2º Cửa Đồng-tranh, (494,2).	2. Đồng-tranh.
3º Cửa Lôi-rạp, (605,1,0).	3. Lôi-rạp.

PROVINCE DE MĨ-THO. 3.

En annamite vulgaire.	En caractères chinois.
1º Cửa Tiểu, (larg. 822 trượng 3 thước).	1. Tiểu-hải-môn.
2º Cửa Đại, (1485 t.).	2. Đại-hải-môn.
3º « Ba-lai, (117 t. 5)	3. Ba-lai-môn.

PROVINCE DE VĨNH-LONG. 6.

En annamite vulgaire.	En caractères chinois.
1º Ngao-châu, (200 t.).	1. Ngao-châu.
2º Cổ-chiên, (1716 t.).	2. Cổ-chiên.

3º Ba-rài, (87,00).	3. Ba-rài.
4º Cái-cát, (26,0,0).	4º Cái-cát.
5º Thủy-cồn, (103,0,0).	5º Thủy-cồn.
6º Cồn-trăng.	6º Cồn-trăng.

PROVINCE DE CHÂU-ĐỐC. 2.

En annamite vulgaire.	*En caractères chinois.*
1º Cửa Mĩ-thanh, (1121 t.).	1. Mĩ-thanh.
2º Cửa Trấn-di, (1183 t.).	2. Trấn-di.

PROVINCE DE HÀ-TIÊN. 34.

En annamite vulgaire.	*En caractères chinois.*
1º Cửa Hương-úc, (48 t.).	1. Hương-úc.
2º Cửa Rạch-giá, (23 t.).	2. Kiên-giang.
3º Cửa Đại, (229,0,0).	3. Đại-môn.
4º « Đốc-vàng, (38,0,0).	4. Đốc-huình.
5º Gành-hàu.	5. Hàu-gành.
6º « Bồ-đề, (172,6,5).	6. Bồ-đề.
7º Cửa Rạch-cóc, (32,0,0).	7. Rạch-cóc.
8º Cửa Lớn, (840,0,0)	8. Cửa Lớn.
9º « Bãi-vọp, (137,0,0).	9. Bãi-vọp.
10º Đầm-cùng, (394, 0,0).	10. Đầm-cùng.

11° Cửa Đá-bạc, (417,0,0).	11. Đá-bạc.
12° Cửa Rạch-già, (18, th. 0).	12. Rạch-già.
13° Cửa Mương-đào, (5,5).	13. Mương-đào.
14° Cửa Kim-qui, (2,8,0).	14. Kim-qui.
15° Cửa Thứ-mười, (3,2).	15. Thứ-mười.
16° Cửa Thứ-chín, (7,2).	16. Thứ-chín.
17° Cửa Thứ-tám, (4,1).	17. Thứ-tám.
18° Cửa Thứ-bảy, .(9, 3)	18. Thứ-bảy.
19° Cửa Thứ-sáu, (9,5).	19. Thứ-sáu.
20° Cửa Thứ-năm, (3,8).	20. Thứ-năm.
21° Cửa Thứ-tư, (5,2).	21. Thứ-tư.
22° « Thứ-ba, (5,1).	22. Thứ-ba.
23° « Thứ-hai,(4,2).	23. Thứ-hai.
24° « Thứ-nhứt, (16,0,0).	24. Thứ-nhứt.
25° Cửa Bé, (76,0).	25. Cửa Bé.
26° « Rạch-sỏi, (20,0).	26. Rạch-sỏi.
27° Cửa Rạch-đóng, (7,0).	27. Rạch-đóng.
28° Cửa Đại-kim-dự, (15,0,0).	28. Đại-kim-dự.

29° Cửa Tiểu-kim-dự. | 29. Tiểu-kim-dự.

30° « Cà-ba, | 30. Cà-ba.
(160,0,0).

31° « Sa-hào, | 31. Sa-hào.
(160,0,0).

32° Cửa Phì-phạt, | 32. Phì-phạt.
(200,0,0).

33° Cửa Sa-ngao, | 33. Sa-ngao.
(159,0,0).

34° Cửa Tân-dương, | 34. Tân-dương
(45,0,0).

FLEUVES.

PROVINCE DE BIÊN-HÒA.

En annamite vulgaire.	*En caractères chinois.*
1° Sông Đồng-nai.	1. Phước-long giang.
2° Lá-buông.	2. Bồng »
3° Rạch Vắp.	3. Kiên »
4° Rạch Đông.	4. Đông »
5° Sông Bé.	5. Tiểu »
6° La-nha.	6. La-nha »
7° Rạch Cát.	7. Sa hà.
8° An-hoà.	8. An-hòa giang.
9° Rạch Choại.	9. Trạch-đăng »
10° Rạch Lá-buôn.	10. Bôi-diệp »
11° Sông Đồng-môn.	11. Đồng-môn »
12° Rạch Bà-kí.	12. Kí »
13° Nước-lộn.	13. Thủy-hiệp »

14º Ngã-ba-nhà-bè.
15º Thủy-vọt.
16º Ngã-bày.
17º Sông Mô-xoài.

14. Phù-gia-tam giang.
15. Thủy-vọt   »
16. Thất-kì   »
17. Hương-phước »

PROVINCE DE SAIGON.

En annamite vulgaire.   *En caractères chinois.*

1º Sông Bến-nghé.
2º Rạch Bà-nghè.
3º Đầm Gò-vấp.
4º Vàm Bến-nghé.
5º Rạch Ong-lớn.
6º (Từ Rạch Ong-nhỏ
vô Chợ-lớn).
7º Rạch Cát.
8º (Ngã-Tư, Ba-cụm).
9º Sông Bến-lức.
10º Rạch Đôi-ma.

11º Châu-phê.
12º Thuộc-làng.
13º (Vũng-gù sắp xuống).
14º Rạch Lá.
15º Rạch Gò-công.
16º Giồng-bầu.
17º (Kinh qua Gò-công).
18º Xá-hương.
19º Vàm Bát-tân.
20º Sông Bến-lức.
21º Kinh Trà-cú.

1. Tân-bình   giang.
2. Bình-trị   »
3. Láo-đồng   »
4. Bình-dương   »
5. Đại-phong   »
6. An-thông hà.

7. Sa   giang
8. Tân-long   »
9. Thuận-an-đại »
10. Song-ma, ou
Tình-trinh   giang.
11. Châu-phê   »
12. Thuộc-làng   »
13. Hưng-hòa   »
14. Tra   »
15. Khổng-tước-nguyên
16. Trúc-giồng-bầu.
17. Khâu   giang
18. Xá-hương   »
19. Bát-tân   »
20. Thuận-an   »
21. Trà-cú kinh ou
Lợi-tế hà.

4

22° Sông Quang-hóa.		22. Quang-hóa giang.	
23° Rạch Khe-răng.		23. Khê-răng »	

PROVINCE DE ĐỊNH-TƯỜNG.

En annamite vulgaire.   *En caractères chinois.*

1° Sông Lớn.	1. Mĩ-tho	giang.	
2° « Vûng-gù.	2. Hưng-hòa	»	
3° Rạch Bát-đông.	3. Bát-đông	»	
4° « Bát-chiên.	4. Bát-chiên	»	
5° Vàm Gia.	5. Vàm-gia	ꙮ	
6° Sông Trâu-trắng.	6. Bạch-ngưu	»	
7° « Cần-lô.	7. Cần-lô	»	
8° « Cái-bè.	8. An-bình	»	
9° « Cái-lá.	9. Hiệp-đức	ꙮ	
10° Kinh Bà-bèo, (rạch Chanh.)	10. Đăng	»	
11° Rạch Gầm.	11. Gầm	giang.	
12° Rạch Xoài-mút.	12. Tị-thập	»	
13° Kinh Vûng-gù,	13. Bảo-định hà		
14° Trà-hôn (Cà-hôn).	14. Kì-hôn	giang.	
15° Rạch Cái-thia.	15. Thi	»	
16° Ba-lai bắc.	16. Ba-lai-bắc	»	
17° Ba-lai nam.	17. Ba-lai-nam	»	

PROVINCE DE VĨNH-LONG.

En annamite vulgaire.   *En caractères chinois.*

1° Sông Long-hồ.	1. Long-hồ	giang	
2° « Vàm-tuần.	2. Đại-tuần	»	
3° « Hàm-luông.	3. Hàm-luông	ꙮ	
4° « Sốc-sải hạ.	4. Tiên-thủy	»	
5° « Mĩ-lồng.	5. Mĩ-lồng	»	

6' « Cái-muôi.	6. Bình-phụng giang.
7º « Cần-thay.	7. Cần-thay »
8º Cái-dâu-thượng.	8. Thượng-thâm »
9º Cái-mơng lớn.	9. An-vĩnh »
10º Mỏ-cày.	10. Đầu-tiểu »
11º Cái-mít.	11. Ba-la ›
12º Ba-tri-ớt.	12. Vĩnh-đức »
13º Ba-tri-cá.	13. Châu-thới »
14º Ba-tri-rơm.	14. Châu-bình »
15º Mân-thít.	15. Mân-thít »
16º Kè-đôi.	16. Song-tông »
17º Ba-kè.	17. Kiên-thắng »
18º Vũng-liêm.	18. An-phú »
19º Sòng Láng-thé.	19. Láng-thé »
20º Trà-vinh.	20. Trà-vang »
21º Rạch Trà-ôn.	21. Trà-ôn. »

PROVINCE D'AN-GIANG.

En annamite vulgaire.	*En caractères chinois.*
1º Sông Sau.	1. Hậu giang.
2º Cái-tàu hạ.	2. Tân-hội »
3º Nha-mân.	3. Nha-mân »
4º Rạch Gỗ-đền.	4. Thượng Cần-thơ giang.
5º Sông Sa-đéc.	5. Sa-đéc »
6º Nước-xoáy.	6. Hồi-luân-thủy »
7º	7. Long-phụng »
8º Cái-bè cạn.	8. Tân-đông ›
9º Đất-sét.	9. Mĩ-an »
10º Cái-tàu thượng.	10. Hội-an ›
11º Vàm Ông-chưởng.	11. Lễ-công »
12º Vàm Nao.	12. Vàm Giao »

13° Tắt Cây sung.	13. Ưu-vân giang.
14° Cái-mới.	14. Tân »
15° Sông Châu-đốc.	15. Châu-đốc »
16° Kinh Vĩnh-tế, (18e Gia-long (140 lý) = 250 lý)	16. Vĩnh-tế hà.
17° Cái-đầm.	17. Đầm-giang.
18° Bưng Ca-âm.	18. Ca-âm tráo.
19° Ba-lạch (kinh rạch Giá.)	19. Toại hà, (par Toại-ngọc-hầu, 16e Gia-long).
20° Lấp-vò.	20. Cường thành giang
21° Sông Trường-tiền.	21. Tiền-trường. »
22° Lai-vung.	22. Cường-oai »
23° Bò-ót.	23. Bàu-ót »
24° Cần-thơ.	24. Cần-thơ giang.
25° Cái-vồn.	25. Bồn »
26° Ba-láng.	26. Nê-trạch.
27° Tắt Ồng-thục.	27. Ồ-môn.
28° Cái-chàm.	28. Đông-thành giang.
29° Ba-thắc.	29. Ba-thắc »
30° Sốc-trăng.	30. Nguyệt »
31° Búa-thảo.	31. Phụ-đầu »
32° Vàm Ray.	32. An-thới »

ILES.

PROVINCE DE HÀ-TIÊN.

En annamite vulgaire.	*En caractères chinois.*
1° Hòn Kim-dự lớn.	1. Đại-kim dự.
2° « Kim-dự nhỏ.	2. Tiểu-kim »

3º Hòn Tre-trong.		3. Nội-trúc	dự.
4º « Tre-ngoài.		4. Ngoại-trúc	»
5º « Châu.		5. Châu	»
6º « Dâu-rái.		6. Mành-hỏa	»
7º « Đá-lửa.		7. Thạch-hỏa	»
8º « Tre.		8. Trúc	»
9º Cù-lao Phú-quốc.		9. Phú-quốc đảo.	
10º Hòn Thổ-châu.		10. Thổ-châu	dự.
11º « Cổ-son.		11. Cổ-son	»
12º « Cổ-công.		12. Cổ-công	»
13º « Cổ-côt.		13. Cổ-côt	»

PROVINCE DE VĨNH-LONG.

En annamite vulgaire.		*En caractères chinois.*	
1º Cù-lao Cát.		1. Sa	châu.
2º « Đất.		2. Thổ	»
3º « Nai.		3. Lộc	»
4º « Bần.		4. Thủy-liễu	»
5º « Trâu.		5. Phù	»
6º « Lớn.		6. Đại	»
7º Cồn Ngao, bãi Ngao.		7. Ngao-chứ.	
8º Cù-lao Ba-động.		8. Tam-động	châu.
9º « Cái-cầm.		9. Thanh-sơn	»
10º « Bãi-ngao.		10. Ngao	»
11º «		11. Phụ-long	»
12º « Dài.		12. Trường	»
13º « Tân-cù.		13. Tân-cù	»
14º «		14. Vĩnh-tùng	»
15º Cù-loo Ba (Ngang Long-hồ).		15. Bích-cân	»

PROVINCE DE ĐỊNH-TƯỜNG.

En annamite vulgaire.	En caractères chinois.
1º Cù-lao Ba-lăng.	1. Ba-lăng châu.
2º « Quạ.	2. Ô »
3º « Long-ần.	3. Long-ần »
4º « Cái-thia.	4. Thi-hàn »
5º « Trà-luộc.	5. Kiên-lợi »
6º « Bái-đám.	6. Phú-an »
7º « Họ.	7. Thới-sơn »
8º « Cồn-tàu.	8. Quới-sơn »
9º « Rồng.	9. Long »

PROVINCE D'AN-GIANG.

En annamite vulgaire.	En caractères chinois.
1º Cù-lao Tân-phụng.	1. Phụng Châu.
2º « Nga, (ngang Sa-đéc).	2. Nga »
3º Cù-lao Gieng.	3. Dinh »
4º « Trâu, (Tân-thuận).	4. Ngưu »
5º Cù-lao Tòng-sơn, (vàm Cái-tàu thượng).	5. Tòng-sơn châu.
6º Cù-lao Tày.	6. Tê châu.
7º { « Nai, à l'E. « à l'O. « Heo, au N. « Giao lửa au S	7. { Lộc » Đông-ngái » Trư » Hòa-đao »
8º « Táng-dù.	8. Long-sơn châu.
« Chà-và.	{

En annamite vulgaire	En caractères chinois
9° Cù-lao Nang-gù.	9. Năng-gù châu.
10° « Bí.	10. Qua »
11° Bãi Bà-lúa.	11. Hoằng-trần, ou Tân-dinh châu.
12° Cù-lao Giung.	12. Huình-dung »

PROVINCE DE GIA-ĐỊNH.

En annamite vulgaire.	*En caractères chinois.*
Cù-lao Côn-nôn.	Côn-nôn đảo.

PROVINCE DE BIÊN-HÒA.

En annamite vulgaire.	*En caractères chinois.*
1° Cù-lao Phổ, (cù-lao Ăn-mày).	1. Đại-phổ châu.
2° Cù-lao Ngò, (à l'E.)	2. Ngô châu.
3° « Tân-triều, (à l'O.)	3. Tân-triều »
4° Cù-lao Tân-chánh, (Đồng-sứ).	4. Tân-chánh châu.
5° Cù-lao Cái-tắc.	5. Kinh châu.

MONTS, MONTAGNES.

PROVINCE DE BIÊN-HÒA.

En annamite vulgaire.	*En caractères chinois.*
1° Núi Long-ẩn.	1. Long-ẩn sơn.
2° « Lò-gồm.	2. Bửu-phong »
3° Hòn Rùa ou con Nghê.	3. Qui-dự.

4⁰ Núi Đá-trắng.	4.Bạch -thạch sơn.
5⁰ Hòn Đá-lửa.	5. Thạch-hòa-cang.
6⁰ Hòn Gò-đào.	6. Đào-cang.
7⁰ Núi Chiêu-thới.	7. Chiêu-thới sơn.
8⁰ « Ba-Ba.	8. Thần-qui ⟩
	ou Thọ-sơn.
9⁰ Núi Lò-thổi.	9. Thiết-khâu.
10⁰ « Bà-kí.	10. Kí sơn.
11⁰ « Bà-vãi.	11. Nữ-tăng »
12⁰ « Làng-giao.	12. Làng-giao ⟫
13⁰ « Mô-xoài.	13. Trần-biên »
14⁰ « Nứa.	14. Sa-trúc »
15⁰ « Bà-rịa.	15. Bà-rịa ⟫
16⁰ « Thùy-vân.	16. Thùy-vân ⟩
17⁰ « Gành-rái.	17. Thát cơ »
18⁰ « Bà-kéc.	18. Thần-mẫu-phong.

PROVINCE GIA-ĐỊNH.

En annamite vulgaire.	*En caractères chinois.*
Núi Bà-đinh.	Bà-đinh sơn.

PROVINCE D'AN-GIANG.

En annamite vulgaire.	*En caractères chinois.*
1⁰ Núi Sập, (h. 20 t. circ. 11 lý).	1. Tồi sơn.
2⁰ Núi Bà-phê, (30 — 13).	2. Bà-phê »
3⁰ Núi Tà-chiêu, (12 — 5).	3. Tà-chiêu »
4⁰ Núi Trà-nghinh, (10 5).	4. Trà-nghinh »

5º Núi Voi (8 — 3).	5. Tượng sơn.
6º « Ca-âm (h.1 0 t. — 7 lý).	· 6. Ca-âm »
7º Núi Nam-sư (8 — 2).	7. Nam-sư »
8º Núi Khê-lập (3 — 3)	8. Khê-lạp »
9º « Chút (6 — 1).	9. Chút »
10º « Tà-béc (20 — 6).	10. Tà-béc »
11º Núi Bà-xôi (40 — 12).	11. Bà-xôi »
12º Núi Ác-giùm (40 — 13).	12. Ấc-giùm »
13º Núi Nam-vi (30 — 8).	13. Nam-vi »
14º Núi Đài-tô (50 — 20).	14. Đài-tô »
15º Núi Chơn-giùm.	15. Chơn-giùm »
16º « Thong-đăng.	16. Thong-đăng »
17º « Bà-đê lớn.	17. Đại-bà-đê »
18º « Bà-đê nhỏ.	18. Tiểu-bà-đê »

PROVINCE DE HÀ-TIÊN.

En annamite vulgaire.	*En caractères chinois.*
1º Núi Bình.	1. Bình sơn.
2º « Ngũ-hổ.	2. Ngũ-hổ »
3º « Phù-dung.	3. Phù-dung »
4º « Gò-nai.	4. Lộc-trì »
5º Hòn Núc.	5. Táo »
6º Núi Địa-tạng.	6. Địa-tạng »
7º Hòn Mày.	7. Vân »

8º Hòn Bạch-tháp.		8. Bạch-tháp	sơn.
9º « Tô-châu.		9. Tô-châu	»
10º Núi Lình-quình.		10. Lình-quình	»
11º « Sài-mạt.		11. Sài-mạt	»
12º Bãi Ớt.		12. Châu-nham	»
13º Hòn Hồ-lô-côc.		13. Hồ-lô-côc.	»
14º « Chông.		14. Kích	»
15º « Đông-thổ.		15. Đông-thổ	»
16º « Tây-thổ.		16. Tây-thổ	»
17º « Gành-bà.		17. Tiên-cơ-dốc	»
18º « Đá-trắng.		18. Bạch-thạch	»
19º « Bạch-mã.		19. Bạch-mã	»

ERRATA.

Page 16. — 2e ligne. — Un *Huấn-đạo* lisez : *Giáo-thọ*.
Page 16. — 5e ligne. — Un *Giáo-thọ* lisez : *Huấn-đạo*.

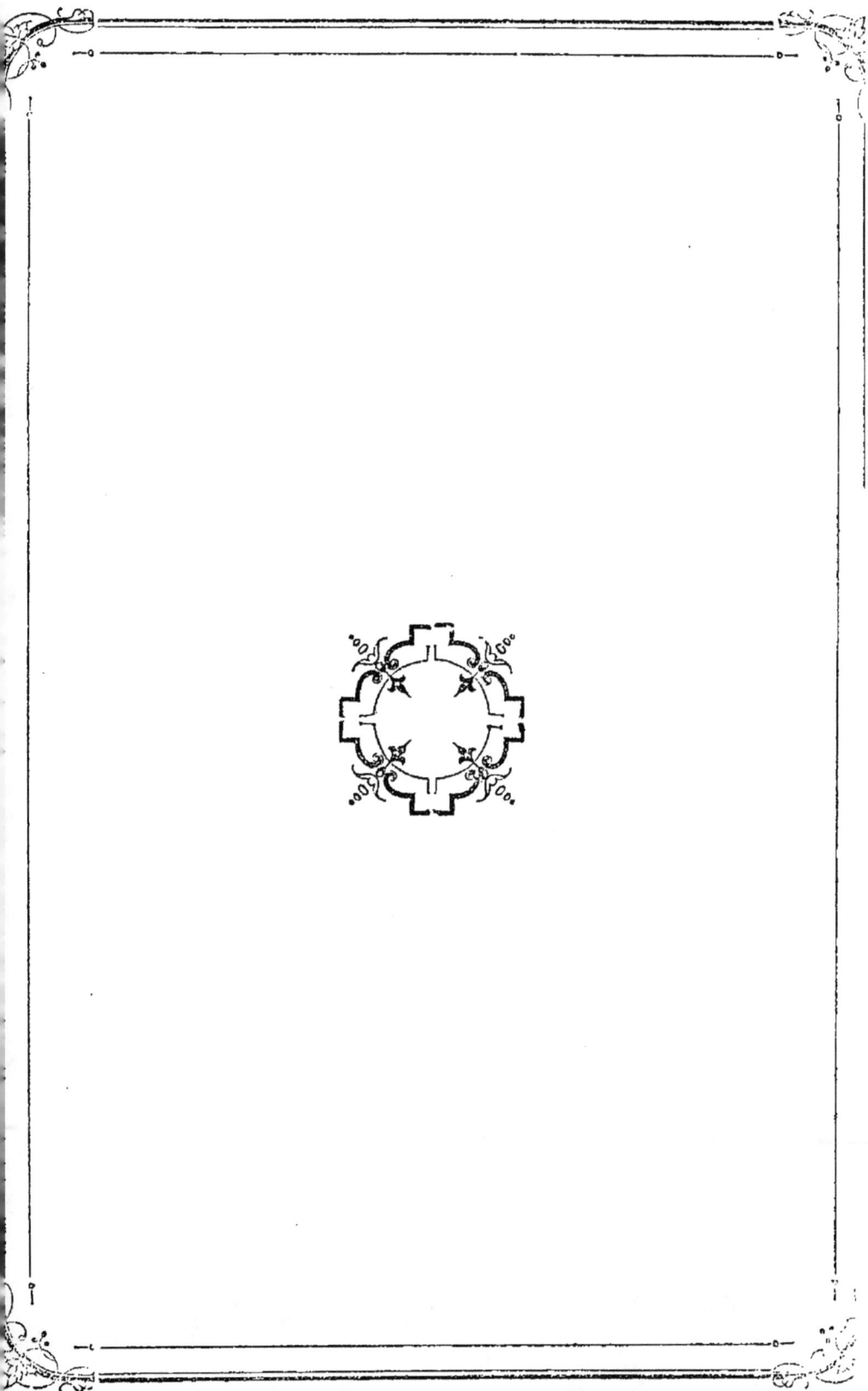